# Ce carnet appartient à :

·············································································
·············································································
·············································································

**HouBook**

| Alphabets | Pages | Alphabets | Pages |
|:---:|:---:|:---:|:---:|
| A | 1 - 4 | N | 53 - 56 |
| B | 5 - 8 | O | 57 - 60 |
| C | 9 - 12 | P | 61 - 64 |
| D | 13 - 16 | Q | 65 - 68 |
| E | 17 - 20 | R | 69 - 72 |
| F | 21 - 24 | S | 73 - 76 |
| G | 25 - 28 | T | 77 - 80 |
| H | 29 - 32 | U | 81 - 84 |
| I | 33 - 36 | V | 85 - 88 |
| J | 37 - 40 | W | 89 - 92 |
| K | 41 - 44 | X | 93 - 96 |
| L | 45 - 48 | Y | 97 - 100 |
| M | 49 - 52 | Z | 101 - 104 |

# A Mes Mots de Passe

Site Web : _____

Nom d'utilisateur : _____

Mot de Passe : _____

Email : _____

Téléphone : _____

Notes : _____

---

Site Web : _____

Nom d'utilisateur : _____

Mot de Passe : _____

Email : _____

Téléphone : _____

Notes : _____

---

Site Web : _____

Nom d'utilisateur : _____

Mot de Passe : _____

Email : _____

Téléphone : _____

Notes : _____

# Mes Mots de Passe

**Site Web :**_____

**Nom d'utilisateur :**_____

**Mot de Passe :**_____

**Email :**_____

**Téléphone :**_____

**Notes :**_____

---

**Site Web :**_____

**Nom d'utilisateur :**_____

**Mot de Passe :**_____

**Email :**_____

**Téléphone :**_____

**Notes :**_____

---

**Site Web :**_____

**Nom d'utilisateur :**_____

**Mot de Passe :**_____

**Email :**_____

**Téléphone :**_____

**Notes :**_____

# A Mes Mots de Passe

Site Web : _____

Nom d'utilisateur : _____

Mot de Passe : _____

Email : _____

Téléphone : _____

Notes : _____

---

Site Web : _____

Nom d'utilisateur : _____

Mot de Passe : _____

Email : _____

Téléphone : _____

Notes : _____

---

Site Web : _____

Nom d'utilisateur : _____

Mot de Passe : _____

Email : _____

Téléphone : _____

Notes : _____

# Mes Mots de Passe

Site Web : _____

Nom d'utilisateur : _____

Mot de Passe : _____

Email : _____

Téléphone : _____

Notes : _____

Site Web : _____

Nom d'utilisateur : _____

Mot de Passe : _____

Email : _____

Téléphone : _____

Notes : _____

Site Web : _____

Nom d'utilisateur : _____

Mot de Passe : _____

Email : _____

Téléphone : _____

Notes : _____

# B Mes Mots de Passe

Site Web : _____

Nom d'utilisateur : _____

Mot de Passe : _____

Email : _____

Téléphone : _____

Notes : _____

---

Site Web : _____

Nom d'utilisateur : _____

Mot de Passe : _____

Email : _____

Téléphone : _____

Notes : _____

---

Site Web : _____

Nom d'utilisateur : _____

Mot de Passe : _____

Email : _____

Téléphone : _____

Notes : _____

# Mes Mots de Passe

Site Web :_____

Nom d'utilisateur :_____

Mot de Passe :_____

Email :_____

Téléphone :_____

Notes :_____

---

Site Web :_____

Nom d'utilisateur :_____

Mot de Passe :_____

Email :_____

Téléphone :_____

Notes :_____

---

Site Web :_____

Nom d'utilisateur :_____

Mot de Passe :_____

Email :_____

Téléphone :_____

Notes :_____

# **B** Mes Mots de Passe

Site Web : _____

Nom d'utilisateur : _____

Mot de Passe : _____

Email : _____

Téléphone : _____

Notes : _____

Site Web : _____

Nom d'utilisateur : _____

Mot de Passe : _____

Email : _____

Téléphone : _____

Notes : _____

Site Web : _____

Nom d'utilisateur : _____

Mot de Passe : _____

Email : _____

Téléphone : _____

Notes : _____

# Mes Mots de Passe

Site Web : _____

Nom d'utilisateur : _____

Mot de Passe : _____

Email : _____

Téléphone : _____

Notes : _____

---

Site Web : _____

Nom d'utilisateur : _____

Mot de Passe : _____

Email : _____

Téléphone : _____

Notes : _____

---

Site Web : _____

Nom d'utilisateur : _____

Mot de Passe : _____

Email : _____

Téléphone : _____

Notes : _____

# Mes Mots de Passe

Site Web : _____

Nom d'utilisateur : _____

Mot de Passe : _____

Email : _____

Téléphone : _____

Notes : _____

Site Web : _____

Nom d'utilisateur : _____

Mot de Passe : _____

Email : _____

Téléphone : _____

Notes : _____

Site Web : _____

Nom d'utilisateur : _____

Mot de Passe : _____

Email : _____

Téléphone : _____

Notes : _____

# Mes Mots de Passe

---

Site Web : _____

Nom d'utilisateur : _____

Mot de Passe : _____

Email : _____

Téléphone : _____

Notes : _____

---

Site Web : _____

Nom d'utilisateur : _____

Mot de Passe : _____

Email : _____

Téléphone : _____

Notes : _____

---

Site Web : _____

Nom d'utilisateur : _____

Mot de Passe : _____

Email : _____

Téléphone : _____

Notes : _____

# Mes Mots de Passe

Site Web : _____

Nom d'utilisateur : _____

Mot de Passe : _____

Email : _____

Téléphone : _____

Notes : _____

---

Site Web : _____

Nom d'utilisateur : _____

Mot de Passe : _____

Email : _____

Téléphone : _____

Notes : _____

---

Site Web : _____

Nom d'utilisateur : _____

Mot de Passe : _____

Email : _____

Téléphone : _____

Notes : _____

# Mes Mots de Passe

Site Web :_____

Nom d'utilisateur :_____

Mot de Passe :_____

Email :_____

Téléphone :_____

Notes :_____

---

Site Web :_____

Nom d'utilisateur :_____

Mot de Passe :_____

Email :_____

Téléphone :_____

Notes :_____

---

Site Web :_____

Nom d'utilisateur :_____

Mot de Passe :_____

Email :_____

Téléphone :_____

Notes :_____

# **D** Mes Mots de Passe

Site Web : _____

Nom d'utilisateur : _____

Mot de Passe : _____

Email : _____

Téléphone : _____

Notes : _____

---

Site Web : _____

Nom d'utilisateur : _____

Mot de Passe : _____

Email : _____

Téléphone : _____

Notes : _____

---

Site Web : _____

Nom d'utilisateur : _____

Mot de Passe : _____

Email : _____

Téléphone : _____

Notes : _____

# Mes Mots de Passe

Site Web : _____

Nom d'utilisateur : _____

Mot de Passe : _____

Email : _____

Téléphone : _____

Notes : _____

---

Site Web : _____

Nom d'utilisateur : _____

Mot de Passe : _____

Email : _____

Téléphone : _____

Notes : _____

---

Site Web : _____

Nom d'utilisateur : _____

Mot de Passe : _____

Email : _____

Téléphone : _____

Notes : _____

# **D** Mes Mots de Passe

Site Web : _____

Nom d'utilisateur : _____

Mot de Passe : _____

Email : _____

Téléphone : _____

Notes : _____

Site Web : _____

Nom d'utilisateur : _____

Mot de Passe : _____

Email : _____

Téléphone : _____

Notes : _____

Site Web : _____

Nom d'utilisateur : _____

Mot de Passe : _____

Email : _____

Téléphone : _____

Notes : _____

# Mes Mots de Passe

Site Web :_____

Nom d'utilisateur :_____

Mot de Passe :_____

Email :_____

Téléphone :_____

Notes :_____

---

Site Web :_____

Nom d'utilisateur :_____

Mot de Passe :_____

Email :_____

Téléphone :_____

Notes :_____

---

Site Web :_____

Nom d'utilisateur :_____

Mot de Passe :_____

Email :_____

Téléphone :_____

Notes :_____

# Mes Mots de Passe

---

**Site Web :**_____

**Nom d'utilisateur :**_____

**Mot de Passe :**_____

**Email :**_____

**Téléphone :**_____

**Notes :**_____

---

**Site Web :**_____

**Nom d'utilisateur :**_____

**Mot de Passe :**_____

**Email :**_____

**Téléphone :**_____

**Notes :**_____

---

**Site Web :**_____

**Nom d'utilisateur :**_____

**Mot de Passe :**_____

**Email :**_____

**Téléphone :**_____

**Notes :**_____

# Mes Mots de Passe

Site Web : _____

Nom d'utilisateur : _____

Mot de Passe : _____

Email : _____

Téléphone : _____

Notes : _____

---

Site Web : _____

Nom d'utilisateur : _____

Mot de Passe : _____

Email : _____

Téléphone : _____

Notes : _____

---

Site Web : _____

Nom d'utilisateur : _____

Mot de Passe : _____

Email : _____

Téléphone : _____

Notes : _____

# Mes Mots de Passe

Site Web : _____

Nom d'utilisateur : _____

Mot de Passe : _____

Email : _____

Téléphone : _____

Notes : _____

Site Web : _____

Nom d'utilisateur : _____

Mot de Passe : _____

Email : _____

Téléphone : _____

Notes : _____

Site Web : _____

Nom d'utilisateur : _____

Mot de Passe : _____

Email : _____

Téléphone : _____

Notes : _____

# Mes Mots de Passe

Site Web :_____

Nom d'utilisateur :_____

Mot de Passe :_____

Email :_____

Téléphone :_____

Notes :_____

Site Web :_____

Nom d'utilisateur :_____

Mot de Passe :_____

Email :_____

Téléphone :_____

Notes :_____

Site Web :_____

Nom d'utilisateur :_____

Mot de Passe :_____

Email :_____

Téléphone :_____

Notes :_____

# Mes Mots de Passe

Site Web : _____

Nom d'utilisateur : _____

Mot de Passe : _____

Email : _____

Téléphone : _____

Notes : _____

Site Web : _____

Nom d'utilisateur : _____

Mot de Passe : _____

Email : _____

Téléphone : _____

Notes : _____

Site Web : _____

Nom d'utilisateur : _____

Mot de Passe : _____

Email : _____

Téléphone : _____

Notes : _____

# Mes Mots de Passe

Site Web : _____

Nom d'utilisateur : _____

Mot de Passe : _____

Email : _____

Téléphone : _____

Notes : _____

---

Site Web : _____

Nom d'utilisateur : _____

Mot de Passe : _____

Email : _____

Téléphone : _____

Notes : _____

---

Site Web : _____

Nom d'utilisateur : _____

Mot de Passe : _____

Email : _____

Téléphone : _____

Notes : _____

# Mes Mots de Passe

Site Web : _____

Nom d'utilisateur : _____

Mot de Passe : _____

Email : _____

Téléphone : _____

Notes : _____

---

Site Web : _____

Nom d'utilisateur : _____

Mot de Passe : _____

Email : _____

Téléphone : _____

Notes : _____

---

Site Web : _____

Nom d'utilisateur : _____

Mot de Passe : _____

Email : _____

Téléphone : _____

Notes : _____

# Mes Mots de Passe

Site Web : _____

Nom d'utilisateur : _____

Mot de Passe : _____

Email : _____

Téléphone : _____

Notes : _____

---

Site Web : _____

Nom d'utilisateur : _____

Mot de Passe : _____

Email : _____

Téléphone : _____

Notes : _____

---

Site Web : _____

Nom d'utilisateur : _____

Mot de Passe : _____

Email : _____

Téléphone : _____

Notes : _____

# Mes Mots de Passe

Site Web : _____

Nom d'utilisateur : _____

Mot de Passe : _____

Email : _____

Téléphone : _____

Notes : _____

---

Site Web : _____

Nom d'utilisateur : _____

Mot de Passe : _____

Email : _____

Téléphone : _____

Notes : _____

---

Site Web : _____

Nom d'utilisateur : _____

Mot de Passe : _____

Email : _____

Téléphone : _____

Notes : _____

# Mes Mots de Passe

**Site Web :**_____

**Nom d'utilisateur :**_____

**Mot de Passe :**_____

**Email :**_____

**Téléphone :**_____

**Notes :**_____

---

**Site Web :**_____

**Nom d'utilisateur :**_____

**Mot de Passe :**_____

**Email :**_____

**Téléphone :**_____

**Notes :**_____

---

**Site Web :**_____

**Nom d'utilisateur :**_____

**Mot de Passe :**_____

**Email :**_____

**Téléphone :**_____

**Notes :**_____

# G Mes Mots de Passe

Site Web : _____

Nom d'utilisateur : _____

Mot de Passe : _____

Email : _____

Téléphone : _____

Notes : _____

---

Site Web : _____

Nom d'utilisateur : _____

Mot de Passe : _____

Email : _____

Téléphone : _____

Notes : _____

---

Site Web : _____

Nom d'utilisateur : _____

Mot de Passe : _____

Email : _____

Téléphone : _____

Notes : _____

# Mes Mots de Passe

Site Web : _____

Nom d'utilisateur : _____

Mot de Passe : _____

Email : _____

Téléphone : _____

Notes : _____

Site Web : _____

Nom d'utilisateur : _____

Mot de Passe : _____

Email : _____

Téléphone : _____

Notes : _____

Site Web : _____

Nom d'utilisateur : _____

Mot de Passe : _____

Email : _____

Téléphone : _____

Notes : _____

# Mes Mots de Passe

Site Web : _____

Nom d'utilisateur : _____

Mot de Passe : _____

Email : _____

Téléphone : _____

Notes : _____

---

Site Web : _____

Nom d'utilisateur : _____

Mot de Passe : _____

Email : _____

Téléphone : _____

Notes : _____

---

Site Web : _____

Nom d'utilisateur : _____

Mot de Passe : _____

Email : _____

Téléphone : _____

Notes : _____

# Mes Mots de Passe

Site Web : _____

Nom d'utilisateur : _____

Mot de Passe : _____

Email : _____

Téléphone : _____

Notes : _____

---

Site Web : _____

Nom d'utilisateur : _____

Mot de Passe : _____

Email : _____

Téléphone : _____

Notes : _____

---

Site Web : _____

Nom d'utilisateur : _____

Mot de Passe : _____

Email : _____

Téléphone : _____

Notes : _____

# Mes Mots de Passe

Site Web : _____

Nom d'utilisateur : _____

Mot de Passe : _____

Email : _____

Téléphone : _____

Notes : _____

---

Site Web : _____

Nom d'utilisateur : _____

Mot de Passe : _____

Email : _____

Téléphone : _____

Notes : _____

---

Site Web : _____

Nom d'utilisateur : _____

Mot de Passe : _____

Email : _____

Téléphone : _____

Notes : _____

# Mes Mots de Passe

Site Web :_____

Nom d'utilisateur :_____

Mot de Passe :_____

Email :_____

Téléphone :_____

Notes :_____

Site Web :_____

Nom d'utilisateur :_____

Mot de Passe :_____

Email :_____

Téléphone :_____

Notes :_____

Site Web :_____

Nom d'utilisateur :_____

Mot de Passe :_____

Email :_____

Téléphone :_____

Notes :_____

# Mes Mots de Passe

Site Web : _____

Nom d'utilisateur : _____

Mot de Passe : _____

Email : _____

Téléphone : _____

Notes : _____

---

Site Web : _____

Nom d'utilisateur : _____

Mot de Passe : _____

Email : _____

Téléphone : _____

Notes : _____

---

Site Web : _____

Nom d'utilisateur : _____

Mot de Passe : _____

Email : _____

Téléphone : _____

Notes : _____

# Mes Mots de Passe

Site Web :_____

Nom d'utilisateur :_____

Mot de Passe :_____

Email :_____

Téléphone :_____

Notes :_____

---

Site Web :_____

Nom d'utilisateur :_____

Mot de Passe :_____

Email :_____

Téléphone :_____

Notes :_____

---

Site Web :_____

Nom d'utilisateur :_____

Mot de Passe :_____

Email :_____

Téléphone :_____

Notes :_____

# Mes Mots de Passe

Site Web : _____

Nom d'utilisateur : _____

Mot de Passe : _____

Email : _____

Téléphone : _____

Notes : _____

Site Web : _____

Nom d'utilisateur : _____

Mot de Passe : _____

Email : _____

Téléphone : _____

Notes : _____

Site Web : _____

Nom d'utilisateur : _____

Mot de Passe : _____

Email : _____

Téléphone : _____

Notes : _____

# Mes Mots de Passe

Site Web : _____

Nom d'utilisateur : _____

Mot de Passe : _____

Email : _____

Téléphone : _____

Notes : _____

---

Site Web : _____

Nom d'utilisateur : _____

Mot de Passe : _____

Email : _____

Téléphone : _____

Notes : _____

---

Site Web : _____

Nom d'utilisateur : _____

Mot de Passe : _____

Email : _____

Téléphone : _____

Notes : _____

# Mes Mots de Passe

Site Web :_____

Nom d'utilisateur :_____

Mot de Passe :_____

Email :_____

Téléphone :_____

Notes :_____

---

Site Web :_____

Nom d'utilisateur :_____

Mot de Passe :_____

Email :_____

Téléphone :_____

Notes :_____

---

Site Web :_____

Nom d'utilisateur :_____

Mot de Passe :_____

Email :_____

Téléphone :_____

Notes :_____

# Mes Mots de Passe

Site Web :_____

Nom d'utilisateur :_____

Mot de Passe :_____

Email :_____

Téléphone :_____

Notes :_____

---

Site Web :_____

Nom d'utilisateur :_____

Mot de Passe :_____

Email :_____

Téléphone :_____

Notes :_____

---

Site Web :_____

Nom d'utilisateur :_____

Mot de Passe :_____

Email :_____

Téléphone :_____

Notes :_____

# Mes Mots de Passe

Site Web : _____

Nom d'utilisateur : _____

Mot de Passe : _____

Email : _____

Téléphone : _____

Notes : _____

Site Web : _____

Nom d'utilisateur : _____

Mot de Passe : _____

Email : _____

Téléphone : _____

Notes : _____

Site Web : _____

Nom d'utilisateur : _____

Mot de Passe : _____

Email : _____

Téléphone : _____

Notes : _____

# Mes Mots de Passe

Site Web :_____

Nom d'utilisateur :_____

Mot de Passe :_____

Email :_____

Téléphone :_____

Notes :_____

Site Web :_____

Nom d'utilisateur :_____

Mot de Passe :_____

Email :_____

Téléphone :_____

Notes :_____

Site Web :_____

Nom d'utilisateur :_____

Mot de Passe :_____

Email :_____

Téléphone :_____

Notes :_____

# Mes Mots de Passe

Site Web : _____

Nom d'utilisateur : _____

Mot de Passe : _____

Email : _____

Téléphone : _____

Notes : _____

---

Site Web : _____

Nom d'utilisateur : _____

Mot de Passe : _____

Email : _____

Téléphone : _____

Notes : _____

---

Site Web : _____

Nom d'utilisateur : _____

Mot de Passe : _____

Email : _____

Téléphone : _____

Notes : _____

# Mes Mots de Passe

Site Web : _____

Nom d'utilisateur : _____

Mot de Passe : _____

Email : _____

Téléphone : _____

Notes : _____

---

Site Web : _____

Nom d'utilisateur : _____

Mot de Passe : _____

Email : _____

Téléphone : _____

Notes : _____

---

Site Web : _____

Nom d'utilisateur : _____

Mot de Passe : _____

Email : _____

Téléphone : _____

Notes : _____

# Mes Mots de Passe

Site Web : _____

Nom d'utilisateur : _____

Mot de Passe : _____

Email : _____

Téléphone : _____

Notes : _____

---

Site Web : _____

Nom d'utilisateur : _____

Mot de Passe : _____

Email : _____

Téléphone : _____

Notes : _____

---

Site Web : _____

Nom d'utilisateur : _____

Mot de Passe : _____

Email : _____

Téléphone : _____

Notes : _____

# Mes Mots de Passe

Site Web : _____

Nom d'utilisateur : _____

Mot de Passe : _____

Email : _____

Téléphone : _____

Notes : _____

Site Web : _____

Nom d'utilisateur : _____

Mot de Passe : _____

Email : _____

Téléphone : _____

Notes : _____

Site Web : _____

Nom d'utilisateur : _____

Mot de Passe : _____

Email : _____

Téléphone : _____

Notes : _____

# Mes Mots de Passe

Site Web : _____

Nom d'utilisateur : _____

Mot de Passe : _____

Email : _____

Téléphone : _____

Notes : _____

---

Site Web : _____

Nom d'utilisateur : _____

Mot de Passe : _____

Email : _____

Téléphone : _____

Notes : _____

---

Site Web : _____

Nom d'utilisateur : _____

Mot de Passe : _____

Email : _____

Téléphone : _____

Notes : _____

# Mes Mots de Passe

Site Web : _____

Nom d'utilisateur : _____

Mot de Passe : _____

Email : _____

Téléphone : _____

Notes : _____

Site Web : _____

Nom d'utilisateur : _____

Mot de Passe : _____

Email : _____

Téléphone : _____

Notes : _____

Site Web : _____

Nom d'utilisateur : _____

Mot de Passe : _____

Email : _____

Téléphone : _____

Notes : _____

# Mes Mots de Passe

Site Web : _____

Nom d'utilisateur : _____

Mot de Passe : _____

Email : _____

Téléphone : _____

Notes : _____

---

Site Web : _____

Nom d'utilisateur : _____

Mot de Passe : _____

Email : _____

Téléphone : _____

Notes : _____

---

Site Web : _____

Nom d'utilisateur : _____

Mot de Passe : _____

Email : _____

Téléphone : _____

Notes : _____

# Mes Mots de Passe

Site Web : _____

Nom d'utilisateur : _____

Mot de Passe : _____

Email : _____

Téléphone : _____

Notes : _____

---

Site Web : _____

Nom d'utilisateur : _____

Mot de Passe : _____

Email : _____

Téléphone : _____

Notes : _____

---

Site Web : _____

Nom d'utilisateur : _____

Mot de Passe : _____

Email : _____

Téléphone : _____

Notes : _____

# Mes Mots de Passe

Site Web :_____

Nom d'utilisateur :_____

Mot de Passe :_____

Email :_____

Téléphone :_____

Notes :_____

Site Web :_____

Nom d'utilisateur :_____

Mot de Passe :_____

Email :_____

Téléphone :_____

Notes :_____

Site Web :_____

Nom d'utilisateur :_____

Mot de Passe :_____

Email :_____

Téléphone :_____

Notes :_____

# Mes Mots de Passe

Site Web :_____

Nom d'utilisateur :_____

Mot de Passe :_____

Email :_____

Téléphone :_____

Notes :_____

Site Web :_____

Nom d'utilisateur :_____

Mot de Passe :_____

Email :_____

Téléphone :_____

Notes :_____

Site Web :_____

Nom d'utilisateur :_____

Mot de Passe :_____

Email :_____

Téléphone :_____

Notes :_____

# Mes Mots de Passe

Site Web : _____

Nom d'utilisateur : _____

Mot de Passe : _____

Email : _____

Téléphone : _____

Notes : _____

Site Web : _____

Nom d'utilisateur : _____

Mot de Passe : _____

Email : _____

Téléphone : _____

Notes : _____

Site Web : _____

Nom d'utilisateur : _____

Mot de Passe : _____

Email : _____

Téléphone : _____

Notes : _____

# Mes Mots de Passe

Site Web : _____

Nom d'utilisateur : _____

Mot de Passe : _____

Email : _____

Téléphone : _____

Notes : _____

---

Site Web : _____

Nom d'utilisateur : _____

Mot de Passe : _____

Email : _____

Téléphone : _____

Notes : _____

---

Site Web : _____

Nom d'utilisateur : _____

Mot de Passe : _____

Email : _____

Téléphone : _____

Notes : _____

# Mes Mots de Passe

Site Web : _____

Nom d'utilisateur : _____

Mot de Passe : _____

Email : _____

Téléphone : _____

Notes : _____

Site Web : _____

Nom d'utilisateur : _____

Mot de Passe : _____

Email : _____

Téléphone : _____

Notes : _____

Site Web : _____

Nom d'utilisateur : _____

Mot de Passe : _____

Email : _____

Téléphone : _____

Notes : _____

# Mes Mots de Passe

Site Web : _____

Nom d'utilisateur : _____

Mot de Passe : _____

Email : _____

Téléphone : _____

Notes : _____

Site Web : _____

Nom d'utilisateur : _____

Mot de Passe : _____

Email : _____

Téléphone : _____

Notes : _____

Site Web : _____

Nom d'utilisateur : _____

Mot de Passe : _____

Email : _____

Téléphone : _____

Notes : _____

# Mes Mots de Passe

Site Web : _____

Nom d'utilisateur : _____

Mot de Passe : _____

Email : _____

Téléphone : _____

Notes : _____

---

Site Web : _____

Nom d'utilisateur : _____

Mot de Passe : _____

Email : _____

Téléphone : _____

Notes : _____

---

Site Web : _____

Nom d'utilisateur : _____

Mot de Passe : _____

Email : _____

Téléphone : _____

Notes : _____

# Mes Mots de Passe

Site Web :_____

Nom d'utilisateur :_____

Mot de Passe :_____

Email :_____

Téléphone :_____

Notes :_____

Site Web :_____

Nom d'utilisateur :_____

Mot de Passe :_____

Email :_____

Téléphone :_____

Notes :_____

Site Web :_____

Nom d'utilisateur :_____

Mot de Passe :_____

Email :_____

Téléphone :_____

Notes :_____

# Mes Mots de Passe

Site Web : _____

Nom d'utilisateur : _____

Mot de Passe : _____

Email : _____

Téléphone : _____

Notes : _____

Site Web : _____

Nom d'utilisateur : _____

Mot de Passe : _____

Email : _____

Téléphone : _____

Notes : _____

Site Web : _____

Nom d'utilisateur : _____

Mot de Passe : _____

Email : _____

Téléphone : _____

Notes : _____

# Mes Mots de Passe

Site Web :_____

Nom d'utilisateur :_____

Mot de Passe :_____

Email :_____

Téléphone :_____

Notes :_____

Site Web :_____

Nom d'utilisateur :_____

Mot de Passe :_____

Email :_____

Téléphone :_____

Notes :_____

Site Web :_____

Nom d'utilisateur :_____

Mot de Passe :_____

Email :_____

Téléphone :_____

Notes :_____

# Mes Mots de Passe

Site Web : _____

Nom d'utilisateur : _____

Mot de Passe : _____

Email : _____

Téléphone : _____

Notes : _____

---

Site Web : _____

Nom d'utilisateur : _____

Mot de Passe : _____

Email : _____

Téléphone : _____

Notes : _____

---

Site Web : _____

Nom d'utilisateur : _____

Mot de Passe : _____

Email : _____

Téléphone : _____

Notes : _____

# Mes Mots de Passe

Site Web : _____

Nom d'utilisateur : _____

Mot de Passe : _____

Email : _____

Téléphone : _____

Notes : _____

Site Web : _____

Nom d'utilisateur : _____

Mot de Passe : _____

Email : _____

Téléphone : _____

Notes : _____

Site Web : _____

Nom d'utilisateur : _____

Mot de Passe : _____

Email : _____

Téléphone : _____

Notes : _____

# Mes Mots de Passe

Site Web :_____

Nom d'utilisateur :_____

Mot de Passe :_____

Email :_____

Téléphone :_____

Notes :_____

---

Site Web :_____

Nom d'utilisateur :_____

Mot de Passe :_____

Email :_____

Téléphone :_____

Notes :_____

---

Site Web :_____

Nom d'utilisateur :_____

Mot de Passe :_____

Email :_____

Téléphone :_____

Notes :_____

# Mes Mots de Passe

Site Web :_____

Nom d'utilisateur :_____

Mot de Passe :_____

Email :_____

Téléphone :_____

Notes :_____

Site Web :_____

Nom d'utilisateur :_____

Mot de Passe :_____

Email :_____

Téléphone :_____

Notes :_____

Site Web :_____

Nom d'utilisateur :_____

Mot de Passe :_____

Email :_____

Téléphone :_____

Notes :_____

# Mes Mots de Passe

Site Web : _____

Nom d'utilisateur : _____

Mot de Passe : _____

Email : _____

Téléphone : _____

Notes : _____

---

Site Web : _____

Nom d'utilisateur : _____

Mot de Passe : _____

Email : _____

Téléphone : _____

Notes : _____

---

Site Web : _____

Nom d'utilisateur : _____

Mot de Passe : _____

Email : _____

Téléphone : _____

Notes : _____

# Mes Mots de Passe

Site Web :_____

Nom d'utilisateur :_____

Mot de Passe :_____

Email :_____

Téléphone :_____

Notes :_____

Site Web :_____

Nom d'utilisateur :_____

Mot de Passe :_____

Email :_____

Téléphone :_____

Notes :_____

Site Web :_____

Nom d'utilisateur :_____

Mot de Passe :_____

Email :_____

Téléphone :_____

Notes :_____

# Mes Mots de Passe

Site Web : _____

Nom d'utilisateur : _____

Mot de Passe : _____

Email : _____

Téléphone : _____

Notes : _____

---

Site Web : _____

Nom d'utilisateur : _____

Mot de Passe : _____

Email : _____

Téléphone : _____

Notes : _____

---

Site Web : _____

Nom d'utilisateur : _____

Mot de Passe : _____

Email : _____

Téléphone : _____

Notes : _____

# Mes Mots de Passe

Site Web : _____

Nom d'utilisateur : _____

Mot de Passe : _____

Email : _____

Téléphone : _____

Notes : _____

Site Web : _____

Nom d'utilisateur : _____

Mot de Passe : _____

Email : _____

Téléphone : _____

Notes : _____

Site Web : _____

Nom d'utilisateur : _____

Mot de Passe : _____

Email : _____

Téléphone : _____

Notes : _____

# Mes Mots de Passe

Site Web : _____

Nom d'utilisateur : _____

Mot de Passe : _____

Email : _____

Téléphone : _____

Notes : _____

Site Web : _____

Nom d'utilisateur : _____

Mot de Passe : _____

Email : _____

Téléphone : _____

Notes : _____

Site Web : _____

Nom d'utilisateur : _____

Mot de Passe : _____

Email : _____

Téléphone : _____

Notes : _____

# Mes Mots de Passe

Site Web :_____

Nom d'utilisateur :_____

Mot de Passe :_____

Email :_____

Téléphone :_____

Notes :_____

---

Site Web :_____

Nom d'utilisateur :_____

Mot de Passe :_____

Email :_____

Téléphone :_____

Notes :_____

---

Site Web :_____

Nom d'utilisateur :_____

Mot de Passe :_____

Email :_____

Téléphone :_____

Notes :_____

# Mes Mots de Passe

Site Web : _____

Nom d'utilisateur : _____

Mot de Passe : _____

Email : _____

Téléphone : _____

Notes : _____

Site Web : _____

Nom d'utilisateur : _____

Mot de Passe : _____

Email : _____

Téléphone : _____

Notes : _____

Site Web : _____

Nom d'utilisateur : _____

Mot de Passe : _____

Email : _____

Téléphone : _____

Notes : _____

# Mes Mots de Passe

Site Web : _____

Nom d'utilisateur : _____

Mot de Passe : _____

Email : _____

Téléphone : _____

Notes : _____

---

Site Web : _____

Nom d'utilisateur : _____

Mot de Passe : _____

Email : _____

Téléphone : _____

Notes : _____

---

Site Web : _____

Nom d'utilisateur : _____

Mot de Passe : _____

Email : _____

Téléphone : _____

Notes : _____

# Mes Mots de Passe

Site Web : _____

Nom d'utilisateur : _____

Mot de Passe : _____

Email : _____

Téléphone : _____

Notes : _____

---

Site Web : _____

Nom d'utilisateur : _____

Mot de Passe : _____

Email : _____

Téléphone : _____

Notes : _____

---

Site Web : _____

Nom d'utilisateur : _____

Mot de Passe : _____

Email : _____

Téléphone : _____

Notes : _____

# Mes Mots de Passe

Site Web :_____

Nom d'utilisateur :_____

Mot de Passe :_____

Email :_____

Téléphone :_____

Notes :_____

Site Web :_____

Nom d'utilisateur :_____

Mot de Passe :_____

Email :_____

Téléphone :_____

Notes :_____

Site Web :_____

Nom d'utilisateur :_____

Mot de Passe :_____

Email :_____

Téléphone :_____

Notes :_____

# **Mes Mots de Passe**

Site Web : _____

Nom d'utilisateur : _____

Mot de Passe : _____

Email : _____

Téléphone : _____

Notes : _____

---

Site Web : _____

Nom d'utilisateur : _____

Mot de Passe : _____

Email : _____

Téléphone : _____

Notes : _____

---

Site Web : _____

Nom d'utilisateur : _____

Mot de Passe : _____

Email : _____

Téléphone : _____

Notes : _____

# Mes Mots de Passe

Site Web : _____

Nom d'utilisateur : _____

Mot de Passe : _____

Email : _____

Téléphone : _____

Notes : _____

---

Site Web : _____

Nom d'utilisateur : _____

Mot de Passe : _____

Email : _____

Téléphone : _____

Notes : _____

---

Site Web : _____

Nom d'utilisateur : _____

Mot de Passe : _____

Email : _____

Téléphone : _____

Notes : _____

# **Mes Mots de Passe**

Site Web : _____

Nom d'utilisateur : _____

Mot de Passe : _____

Email : _____

Téléphone : _____

Notes : _____

---

Site Web : _____

Nom d'utilisateur : _____

Mot de Passe : _____

Email : _____

Téléphone : _____

Notes : _____

---

Site Web : _____

Nom d'utilisateur : _____

Mot de Passe : _____

Email : _____

Téléphone : _____

Notes : _____

# Mes Mots de Passe

Site Web :_____

Nom d'utilisateur :_____

Mot de Passe :_____

Email :_____

Téléphone :_____

Notes :_____

Site Web :_____

Nom d'utilisateur :_____

Mot de Passe :_____

Email :_____

Téléphone :_____

Notes :_____

Site Web :_____

Nom d'utilisateur :_____

Mot de Passe :_____

Email :_____

Téléphone :_____

Notes :_____

# Mes Mots de Passe

Site Web : _____

Nom d'utilisateur : _____

Mot de Passe : _____

Email : _____

Téléphone : _____

Notes : _____

---

Site Web : _____

Nom d'utilisateur : _____

Mot de Passe : _____

Email : _____

Téléphone : _____

Notes : _____

---

Site Web : _____

Nom d'utilisateur : _____

Mot de Passe : _____

Email : _____

Téléphone : _____

Notes : _____

# Mes Mots de Passe

Site Web : _____

Nom d'utilisateur : _____

Mot de Passe : _____

Email : _____

Téléphone : _____

Notes : _____

---

Site Web : _____

Nom d'utilisateur : _____

Mot de Passe : _____

Email : _____

Téléphone : _____

Notes : _____

---

Site Web : _____

Nom d'utilisateur : _____

Mot de Passe : _____

Email : _____

Téléphone : _____

Notes : _____

# Mes Mots de Passe

Site Web : _____

Nom d'utilisateur : _____

Mot de Passe : _____

Email : _____

Téléphone : _____

Notes : _____

Site Web : _____

Nom d'utilisateur : _____

Mot de Passe : _____

Email : _____

Téléphone : _____

Notes : _____

Site Web : _____

Nom d'utilisateur : _____

Mot de Passe : _____

Email : _____

Téléphone : _____

Notes : _____

# Mes Mots de Passe

Site Web :_____

Nom d'utilisateur :_____

Mot de Passe :_____

Email :_____

Téléphone :_____

Notes :_____

Site Web :_____

Nom d'utilisateur :_____

Mot de Passe :_____

Email :_____

Téléphone :_____

Notes :_____

Site Web :_____

Nom d'utilisateur :_____

Mot de Passe :_____

Email :_____

Téléphone :_____

Notes :_____

# Mes Mots de Passe

Site Web : _____

Nom d'utilisateur : _____

Mot de Passe : _____

Email : _____

Téléphone : _____

Notes : _____

Site Web : _____

Nom d'utilisateur : _____

Mot de Passe : _____

Email : _____

Téléphone : _____

Notes : _____

Site Web : _____

Nom d'utilisateur : _____

Mot de Passe : _____

Email : _____

Téléphone : _____

Notes : _____

# Mes Mots de Passe

Site Web : _____

Nom d'utilisateur : _____

Mot de Passe : _____

Email : _____

Téléphone : _____

Notes : _____

Site Web : _____

Nom d'utilisateur : _____

Mot de Passe : _____

Email : _____

Téléphone : _____

Notes : _____

Site Web : _____

Nom d'utilisateur : _____

Mot de Passe : _____

Email : _____

Téléphone : _____

Notes : _____

# Mes Mots de Passe

Site Web : _____

Nom d'utilisateur : _____

Mot de Passe : _____

Email : _____

Téléphone : _____

Notes : _____

---

Site Web : _____

Nom d'utilisateur : _____

Mot de Passe : _____

Email : _____

Téléphone : _____

Notes : _____

---

Site Web : _____

Nom d'utilisateur : _____

Mot de Passe : _____

Email : _____

Téléphone : _____

Notes : _____

# Mes Mots de Passe

Site Web : _____

Nom d'utilisateur : _____

Mot de Passe : _____

Email : _____

Téléphone : _____

Notes : _____

---

Site Web : _____

Nom d'utilisateur : _____

Mot de Passe : _____

Email : _____

Téléphone : _____

Notes : _____

---

Site Web : _____

Nom d'utilisateur : _____

Mot de Passe : _____

Email : _____

Téléphone : _____

Notes : _____

# Mes Mots de Passe

Site Web :_____

Nom d'utilisateur :_____

Mot de Passe :_____

Email :_____

Téléphone :_____

Notes :_____

---

Site Web :_____

Nom d'utilisateur :_____

Mot de Passe :_____

Email :_____

Téléphone :_____

Notes :_____

---

Site Web :_____

Nom d'utilisateur :_____

Mot de Passe :_____

Email :_____

Téléphone :_____

Notes :_____

# Mes Mots de Passe

Site Web :_____

Nom d'utilisateur :_____

Mot de Passe :_____

Email :_____

Téléphone :_____

Notes :_____

Site Web :_____

Nom d'utilisateur :_____

Mot de Passe :_____

Email :_____

Téléphone :_____

Notes :_____

Site Web :_____

Nom d'utilisateur :_____

Mot de Passe :_____

Email :_____

Téléphone :_____

Notes :_____

# Mes Mots de Passe

Site Web : _____

Nom d'utilisateur : _____

Mot de Passe : _____

Email : _____

Téléphone : _____

Notes : _____

---

Site Web : _____

Nom d'utilisateur : _____

Mot de Passe : _____

Email : _____

Téléphone : _____

Notes : _____

---

Site Web : _____

Nom d'utilisateur : _____

Mot de Passe : _____

Email : _____

Téléphone : _____

Notes : _____

# Mes Mots de Passe

Site Web : _____

Nom d'utilisateur : _____

Mot de Passe : _____

Email : _____

Téléphone : _____

Notes : _____

Site Web : _____

Nom d'utilisateur : _____

Mot de Passe : _____

Email : _____

Téléphone : _____

Notes : _____

Site Web : _____

Nom d'utilisateur : _____

Mot de Passe : _____

Email : _____

Téléphone : _____

Notes : _____

# Mes Mots de Passe

Site Web : _____

Nom d'utilisateur : _____

Mot de Passe : _____

Email : _____

Téléphone : _____

Notes : _____

Site Web : _____

Nom d'utilisateur : _____

Mot de Passe : _____

Email : _____

Téléphone : _____

Notes : _____

Site Web : _____

Nom d'utilisateur : _____

Mot de Passe : _____

Email : _____

Téléphone : _____

Notes : _____

# Mes Mots de Passe

Site Web : _____

Nom d'utilisateur : _____

Mot de Passe : _____

Email : _____

Téléphone : _____

Notes : _____

---

Site Web : _____

Nom d'utilisateur : _____

Mot de Passe : _____

Email : _____

Téléphone : _____

Notes : _____

---

Site Web : _____

Nom d'utilisateur : _____

Mot de Passe : _____

Email : _____

Téléphone : _____

Notes : _____

# Mes Mots de Passe

Site Web : _____

Nom d'utilisateur : _____

Mot de Passe : _____

Email : _____

Téléphone : _____

Notes : _____

---

Site Web : _____

Nom d'utilisateur : _____

Mot de Passe : _____

Email : _____

Téléphone : _____

Notes : _____

---

Site Web : _____

Nom d'utilisateur : _____

Mot de Passe : _____

Email : _____

Téléphone : _____

Notes : _____

# Mes Mots de Passe

Site Web : _____

Nom d'utilisateur : _____

Mot de Passe : _____

Email : _____

Téléphone : _____

Notes : _____

Site Web : _____

Nom d'utilisateur : _____

Mot de Passe : _____

Email : _____

Téléphone : _____

Notes : _____

Site Web : _____

Nom d'utilisateur : _____

Mot de Passe : _____

Email : _____

Téléphone : _____

Notes : _____

# Mes Mots de Passe

Site Web : _____

Nom d'utilisateur : _____

Mot de Passe : _____

Email : _____

Téléphone : _____

Notes : _____

Site Web : _____

Nom d'utilisateur : _____

Mot de Passe : _____

Email : _____

Téléphone : _____

Notes : _____

Site Web : _____

Nom d'utilisateur : _____

Mot de Passe : _____

Email : _____

Téléphone : _____

Notes : _____

# Mes Mots de Passe

Site Web : _____

Nom d'utilisateur : _____

Mot de Passe : _____

Email : _____

Téléphone : _____

Notes : _____

---

Site Web : _____

Nom d'utilisateur : _____

Mot de Passe : _____

Email : _____

Téléphone : _____

Notes : _____

---

Site Web : _____

Nom d'utilisateur : _____

Mot de Passe : _____

Email : _____

Téléphone : _____

Notes : _____

# Mes Mots de Passe

Site Web : _____

Nom d'utilisateur : _____

Mot de Passe : _____

Email : _____

Téléphone : _____

Notes : _____

---

Site Web : _____

Nom d'utilisateur : _____

Mot de Passe : _____

Email : _____

Téléphone : _____

Notes : _____

---

Site Web : _____

Nom d'utilisateur : _____

Mot de Passe : _____

Email : _____

Téléphone : _____

Notes : _____

# Mes Mots de Passe

Site Web : _____

Nom d'utilisateur : _____

Mot de Passe : _____

Email : _____

Téléphone : _____

Notes : _____

Site Web : _____

Nom d'utilisateur : _____

Mot de Passe : _____

Email : _____

Téléphone : _____

Notes : _____

Site Web : _____

Nom d'utilisateur : _____

Mot de Passe : _____

Email : _____

Téléphone : _____

Notes : _____

# Mes Mots de Passe

Site Web : _____

Nom d'utilisateur : _____

Mot de Passe : _____

Email : _____

Téléphone : _____

Notes : _____

---

Site Web : _____

Nom d'utilisateur : _____

Mot de Passe : _____

Email : _____

Téléphone : _____

Notes : _____

---

Site Web : _____

Nom d'utilisateur : _____

Mot de Passe : _____

Email : _____

Téléphone : _____

Notes : _____

# Mes Mots de Passe

Site Web : _____

Nom d'utilisateur : _____

Mot de Passe : _____

Email : _____

Téléphone : _____

Notes : _____

---

Site Web : _____

Nom d'utilisateur : _____

Mot de Passe : _____

Email : _____

Téléphone : _____

Notes : _____

---

Site Web : _____

Nom d'utilisateur : _____

Mot de Passe : _____

Email : _____

Téléphone : _____

Notes : _____

# Mes Mots de Passe

Site Web : _____

Nom d'utilisateur : _____

Mot de Passe : _____

Email : _____

Téléphone : _____

Notes : _____

---

Site Web : _____

Nom d'utilisateur : _____

Mot de Passe : _____

Email : _____

Téléphone : _____

Notes : _____

---

Site Web : _____

Nom d'utilisateur : _____

Mot de Passe : _____

Email : _____

Téléphone : _____

Notes : _____

# Mes Mots de Passe

Site Web :_____

Nom d'utilisateur :_____

Mot de Passe :_____

Email :_____

Téléphone :_____

Notes :_____

Site Web :_____

Nom d'utilisateur :_____

Mot de Passe :_____

Email :_____

Téléphone :_____

Notes :_____

Site Web :_____

Nom d'utilisateur :_____

Mot de Passe :_____

Email :_____

Téléphone :_____

Notes :_____

# **Z** Mes Mots de Passe

Site Web : _____

Nom d'utilisateur : _____

Mot de Passe : _____

Email : _____

Téléphone : _____

Notes : _____

---

Site Web : _____

Nom d'utilisateur : _____

Mot de Passe : _____

Email : _____

Téléphone : _____

Notes : _____

---

Site Web : _____

Nom d'utilisateur : _____

Mot de Passe : _____

Email : _____

Téléphone : _____

Notes : _____

# Mes Mots de Passe

Site Web : _____

Nom d'utilisateur : _____

Mot de Passe : _____

Email : _____

Téléphone : _____

Notes : _____

---

Site Web : _____

Nom d'utilisateur : _____

Mot de Passe : _____

Email : _____

Téléphone : _____

Notes : _____

---

Site Web : _____

Nom d'utilisateur : _____

Mot de Passe : _____

Email : _____

Téléphone : _____

Notes : _____

# **Z** Mes Mots de Passe

Site Web : _____

Nom d'utilisateur : _____

Mot de Passe : _____

Email : _____

Téléphone : _____

Notes : _____

---

Site Web : _____

Nom d'utilisateur : _____

Mot de Passe : _____

Email : _____

Téléphone : _____

Notes : _____

---

Site Web : _____

Nom d'utilisateur : _____

Mot de Passe : _____

Email : _____

Téléphone : _____

Notes : _____

# Mes Mots de Passe

Site Web : _____

Nom d'utilisateur : _____

Mot de Passe : _____

Email : _____

Téléphone : _____

Notes : _____

---

Site Web : _____

Nom d'utilisateur : _____

Mot de Passe : _____

Email : _____

Téléphone : _____

Notes : _____

---

Site Web : _____

Nom d'utilisateur : _____

Mot de Passe : _____

Email : _____

Téléphone : _____

Notes : _____